WANTED
LA CROCCINELLE

BY
MICHAËL ESCOFFIER & MATTHIEU MAUDET

· EDITIONS FRIMOUSSE ·

$ 1.000.000 REWARD

Elle court elle court la Croccinelle
La Croccinelle aux grandes dents!

Elle trouve une fraise la Croccinelle
Elle trouve une fraise et croque dedans!

Elle trouve une pomme la Croccinelle
Elle trouve une pomme et croque dedans!

Elle trouve une poule la Croccinelle
Elle trouve une poule et...

Ça va pas, non? Qu'est ce que c'est que cette histoire?

Une coccinelle avec des dents?
Et puis quoi encore?

Pourquoi pas une araignée avec un nez
ou une grenouille avec des cheveux
tant qu'on y est!

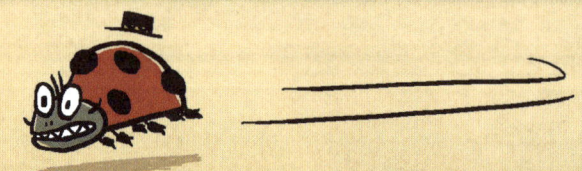

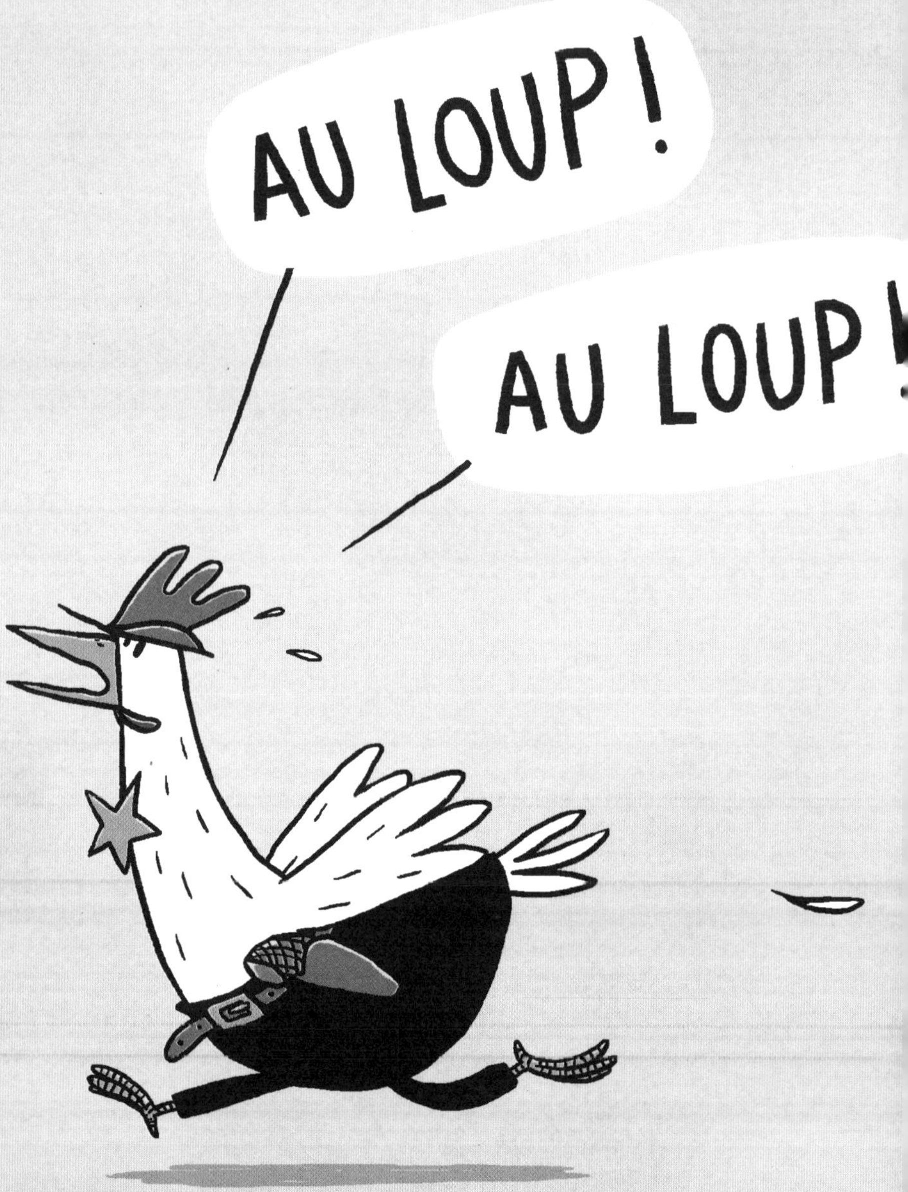
AU LOUP !
AU LOUP !

Elle trouve un loup la Croccinelle
Elle trouve un loup et croque dedans!

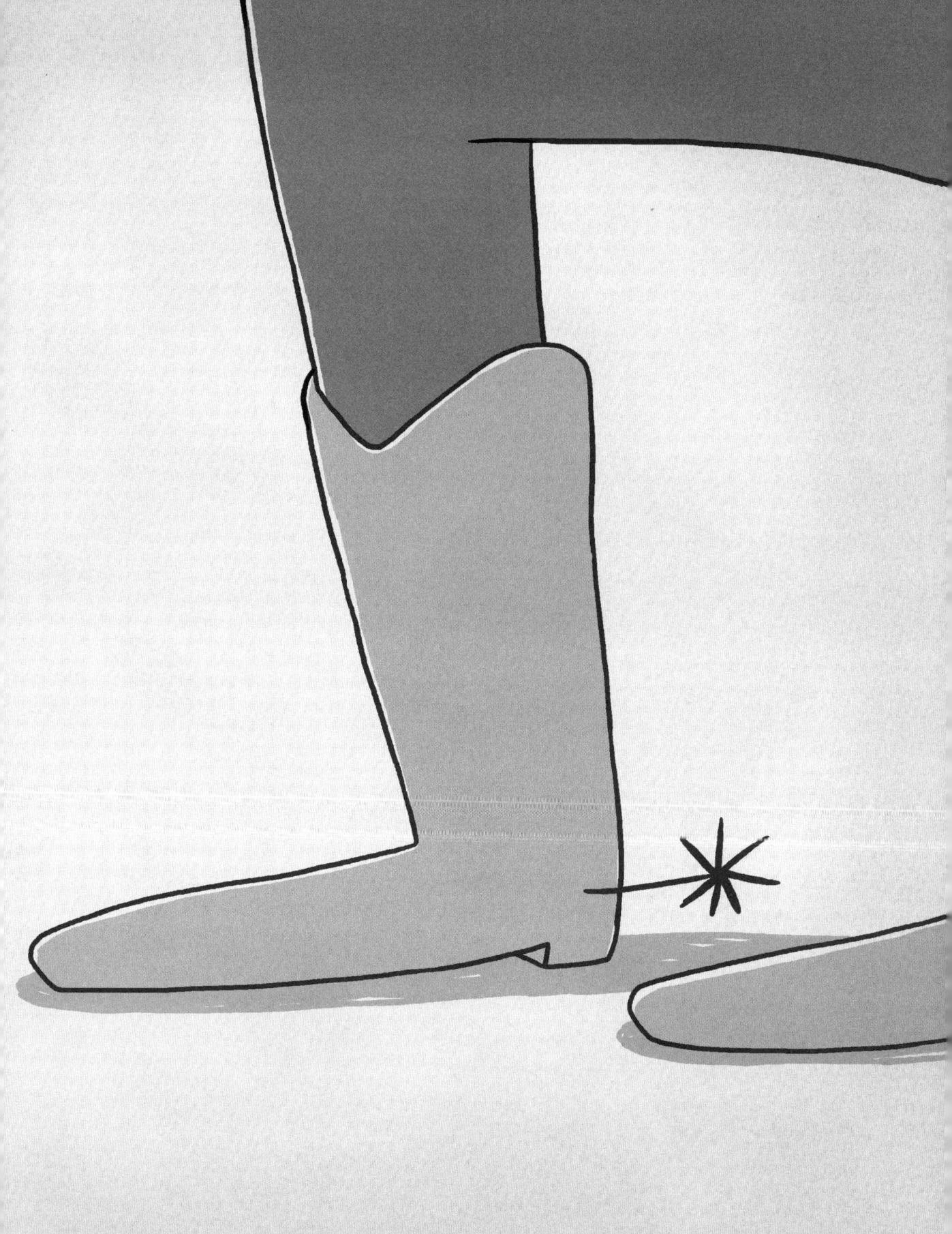